Alte saarländische Küche

area

Alte saarländische Küche

Autor: Gisela Muhr für NOVA Libra medien, Köln
Einbandgestaltung: Derek Gotzen für NOVA Libra medien, Köln
Layout & Satz: Derek Gotzen und Ulrike Jasser für NOVA Libra medien, Köln

Druck und Bindung: Reálszisztéma, Dabas

Printed in Hungary 2005

ISBN 3-89996-305-9

www.area-verlag.de

Inhalt

Einleitung

Das Saarland, an der Grenze zu Frankreich gelegen, ist geprägt von Wäldern, sanften Hügeln un Wasser. Kohle, Stahl und Wasser haben dieses Land durch die Jahrhunderte geführt und seinen Wohlstand begründet. Die Arbeiter, die als Bergmannsbauern oder in Arbeitersiedlungen lebten, haben alles, was sie für die tägliche Küche benötigten, selbst angebaut. Auf den kargen Böden wurden eher satt machende Gemüse geerntet. Deswegen nimmt die Kartoffel, auch „Grumbeere" genannt, mit ihren vielfältigen Variationen (z. B. Dibbelabbes), einen großen Raum im Speisepla der saarländischen Küche ein. Die alte traditionelle Küche des Saarlandes ist einfach, deftig und gehaltvoll. Sie ist aber auch beeinflusst durch die örtliche Nähe zur französischen Küche.

Eine über die Landesgrenzen hinaus bekannte Spezialität des Saarlandes ist die Lyoner Wurst (Fleischwurst im Ring) Deren Kultur wird auf den Bergbau zurückgeführt. So erhielt der Bergbauer für Überstunden neben dem Lohn auch eine Wurst. Es gibt eine große Anzahl an Rezepten mit dieser Wurstspezialität. Die in diesem Buch beschriebene „Lyoner-Quiche" wird ger auch als Zwischenmahlzeit serviert. Aber auch die „Lyoner-Pfanne" und der „Lyoner-Salat" sind sehr empfehlenswert. Und natürlich darf der gute Schwenkbraten in diesem Buch nicht fehlen – getreu dem Satz: „Gott lenkt, der Saarländer schwenkt."

Die Einflüsse der französischen Küche zeigen sich am deutlichsten bei Kuchen und Desserts. So war französisches Obst fester Bestandteil auf Saarländer Märkten, und wir können es z. B. au einem leckeren Kirschkuchen (Kaerscheplotzer) oder auf dem delikaten saarländischen Apfelkuche genießen. Wir wünschen viel Freude beim Nachkochen, Genießen und bei der Entdeckung der saarländischen Köstlichkeiten, denn wie sagt man im Saarland: „Hauptsach' es schmeckt!"

Salate

Kartoffelsalat

Für 4 Personen
Zubereitungszeit: 60 Minuten
Koch- & Bratzeit: 30 Minuten

Einkaufsliste/Zutaten

1 kg fest kochende Kartoffeln
150 g magerer, geräucherter Speck
2 Zwiebeln
4 Eier
1 Bund Petersilie
250 ml Gemüsebrühe (Instant)
3 El Essig
Salz
Pfeffer
1 El mittelscharfer Senf

Garnierung

1 El gehackte Petersilie

Vorküche

Die Kartoffeln waschen und mit der Schale etwa 20–30 Minuten gar kochen. Die Kartoffeln abgießen, mit kaltem Wasser abschrecken, pellen und in Scheiben schneiden. Den Speck in kleine Würfel schneiden. Die Zwiebeln schälen und fein würfeln. Die Eier etwa 10 Minuten hart kochen, pellen und fein hacken. Die Petersilie gründlich waschen, trockenschütteln und ebenfalls fein hacken. Die Gemüsebrühe erhitzen.

Zubereitung

Den Speck und die Zwiebeln in einer Pfanne anbraten. Den Essig mit Salz, Pfeffer und Senf verrühren und mit Speck und Zwiebeln in eine Schüssel füllen. Die Kartoffelscheiben dazugeben und alles mit der warmen Brühe gut vermischen und durchziehen lassen. Abschließend die Petersilie (1 El zum Garnieren beiseite stellen) und die Eier unterheben.

Servieren

Den Kartoffelsalat in eine Schüssel füllen und mit der restlichen Petersilie bestreut servieren.

Merkzettel

Kartoffelsalat schmeckt besonders gut zu Kurzgebratenem und zu allen Grillgerichten.

Eiersalat

Für 4 Personen
Zubereitungszeit: 20 Minuten (ohne Wartezeit)
Kochzeit: 10 Minuten

Einkaufsliste/Zutaten

8 Eier
3 Bund Schnittlauch
4 El Kräuteressig
250 g saure Sahne
1 El mittelscharfer Senf
Salz
Pfeffer

Garnierung

Schnittlauchröllchen

Vorküche

Die Eier hart kochen, mit kaltem Wasser abschrecken, pellen und achteln. Den Schnittlauch waschen, trockenschütteln, in kleine Röllchen schneiden und einige beiseite stellen.

Zubereitung

Aus Essig, Sahne, Senf, Salz und Pfeffer eine Soße rühren. Die Eierstücke und den Schnittlauch dazugeben und alles gut vermischen. Etwa 1 Stunde durchziehen lassen.

Servieren

Den Eiersalat mit den Schnittlauchröllchen garnieren und mit Bratkartoffeln oder frischem Weißbrot servieren.

Merkzettel

Lassen Sie die Eier nicht länger als 10 Minuten kochen, da sie sonst zäh werden und der Dotterrand sich grünlich verfärbt.

Suppen & Aufläufe

Graupensuppe

Für 4 Personen
Zubereitungszeit: 30 Minuten
Kochzeit: 110 Minuten

Einkaufsliste/Zutaten

600 g Rindfleisch
2 Möhren
¼ Sellerieknolle
6 Kartoffeln
1 kleine Lauchstange
1 Zwiebel
1 El gekörnte Fleischbrühe
250 g Graupen
Salz
Pfeffer

Garnierung

1 El gehackte Petersilie

Vorküche

Das Fleisch waschen. Möhren, Sellerie und Kartoffeln schälen, waschen und in kleine Stücke schneiden. Die Lauchstange von den äußeren Blättern befreien, in feine Ringe schneiden, waschen und abtropfen lassen. Die Zwiebel schälen und in Würfel schneiden.

Zubereitung

In einem ausreichend großen Topf Wasser zum Kochen bringen, das Fleisch hineingeben und aufkochen lassen. Die Brühe und die Zwiebelwürfel dazugeben und etwa 1 Stunde bei mittlerer Hitze köcheln lassen. Dann die Graupen dazugeben und etwa 30 Minuten weitergaren. Anschließend das Gemüse zur Brühe geben und nochmals 20 Minuten kochen lassen. Mit Salz und Pfeffer abschmecken. Das Fleisch aus der Suppe heben, in kleine Würfel schneiden und wieder zurück zur Suppe geben.

Servieren

Die Graupensuppe in tiefe Teller füllen und mit Petersilie bestreut servieren.

Merkzettel

Graupen galten früher als »Arme-Leute-Essen«, weil sie meist ohne Fleisch, Speck oder Gemüse angerichtet wurden.

Herzhafter Rahmkuchen

Für 4 Personen
Zubereitungszeit: 20 Minuten (ohne Wartezeit)
Backzeit: 20–30 Minuten

Einkaufsliste/Zutaten

Für den Teig

500 g Mehl
1 Päckchen Trockenhefe
250 ml warme Milch
Salz
6 El Öl

Für den Belag

4 Becher Schmand
3 Eier
2 Bund Schnittlauch
Salz
Pfeffer

Garnierung

Schnittlauchröllchen

Vorküche

Für den Teig das Mehl in eine Schüssel sieben und mit der Hefe vermischen. Die übrigen Zutaten nach und nach dazugeben und alles zu einem geschmeidigen Teig verkneten. Die Schüssel abdecken und den Teig an einem warmen Ort gehen lassen. Wenn der Teig die doppelte Größe erreicht hat, nochmals kräftig durchkneten.

Zubereitung

Für den Belag Schmand und Eier miteinander verquirlen. Schnittlauch waschen, trockenschütteln, in kleine Röllchen schneiden und unter die Schmandmischung geben (1 El Schnittlauchröllchen beiseite stellen). Die Masse mit Salz und Pfeffer würzen. Ein Backblech ausbuttern und den Backofen auf 220 °C vorheizen. Den Teig auf das Backblech geben und ausrollen. Den Belag darüber streichen. Im Backofen etwa 20–30 Minuten backen lassen.

Servieren

Den Rahmkuchen in Stücke schneiden, mit dem restlichen Schnittlauch bestreuen und mit grünem Salat servieren.

Merkzettel

Selbstverständlich können Sie den Schnittlauch auch durch andere Kräuter ersetzen bzw. ergänzen.

Kartoffelsuppe

Für 4 Personen
Zubereitungszeit: 50 Minuten
Kochzeit: 20 Minuten

Einkaufsliste/Zutaten

1 kg Kartoffeln
2 kleine Zwiebeln
1 Möhre
½ Sellerieknolle
1 Lauchstange
200 g magerer Speck
1,5 l Gemüsebrühe (Instant)
Salz
Pfeffer
Muskatnuss
100 ml saure Sahne
1 El Crème fraîche

Garnierung

2 El gehackte Petersilie

Vorküche

Die Kartoffeln schälen, waschen und in kleine Stücke schneiden. Zwiebeln, Möhre und Sellerie schälen und in kleine Würfel schneiden. Die Lauchstange von den äußeren Blättern befreien, in feine Ringe schneiden, waschen und abtropfen lassen. Den Speck in kleine Würfel schneiden.

Zubereitung

Den Speck in einer kleinen Pfanne auslassen. In einem großen Topf die Brühe zum Kochen bringen. Kartoffeln und Gemüse dazugeben und etwa 20 Minuten weich kochen lassen. Das Ganze mit dem Pürierstab grob pürieren. Die Speckwürfel dazugeben und mit Salz, Pfeffer und Muskatnuss würzen. Die saure Sahne in die Suppe einrühren und mit Crème fraîche verfeinern.

Servieren

Die Kartoffelsuppe in eine Suppenschüssel füllen und mit der Petersilie bestreut servieren.

Merkzettel

Als Einlage sind Lyoner Wurstscheiben, Wiener Würstchen oder gekochtes Rindfleisch besonders schmackhaft.

Knoblauchsuppe

Für 4 Personen
Zubereitungszeit: 30 Minuten
Kochzeit: 45 Minuten

Einkaufsliste/Zutaten

3 Möhren
3 Kartoffeln
¼ Sellerieknolle
1 Lauchstange
1 kleines Bund Petersilie
10 Knoblauchzehen
4 Scheiben Weißbrot
120 ml Sahne
Salz
Pfeffer

Garnierung

1 El gehackte Petersilie

Vorküche

Möhren, Kartoffeln und Sellerie schälen, waschen und in grobe Stücke schneiden. Lauch von den äußeren Blättern befreien, in Ringe schneiden, waschen und abtropfen lassen. Petersilie gründlich waschen, trockenschütteln und fein hacken. Knoblauch pellen und durch die Knoblauchpresse drücken. Die Weißbrotrinde abschneiden und die Scheiben in Stücke schneiden.

Zubereitung

In einem Topf etwa 1 l Salzwasser zum Kochen bringen und das Gemüse etwa 30 Minuten bei mittlerer Hitze weich kochen. Die Gemüsebrühe durch ein feines Sieb streichen, zurück in den Topf geben und die Weißbrotwürfel darin ziehen lassen. Nach einigen Minuten die Suppe mit dem Schneebesen kräftig durchrühren und erneut erhitzen. Den Knoblauch dazugeben und nochmals 10 Minuten bei geringer Hitze durchziehen lassen. Die Petersilie (1 El zum Garnieren beiseite stellen) unterrühren und die Sahne dazugießen. Die Knoblauchsuppe etwa 5 Minuten leise köcheln lassen und mit Salz und Pfeffer würzen.

Servieren

Die Knoblauchsuppe in Suppentassen füllen und mit der restlichen Petersilie bestreut servieren.

Merkzettel

Knoblauch ist sehr gesund, denn er enthält allerlei gesunde, medizinisch wirksame Inhaltsstoffe.

Lauchsuppe

Für 4 Personen
Zubereitungszeit: 45 Minuten
Koch- & Bratzeit: 20 Minuten

Einkaufsliste/Zutaten

1 kg Lauch
2 Zwiebeln
1 große Knoblauchzehe
4 Scheiben Weißbrot
2 El Olivenöl
2 El Butterschmalz
1 l Gemüsebrühe (Instant)
250 ml Sahne
Salz
Pfeffer

Garnierung

1 El Schnittlauchröllchen

Vorküche

Vom Lauch die äußeren Blätter entfernen, in feine Ringe schneiden, gründlich waschen und abtropfen lassen. Die Zwiebeln schälen und ebenfalls in Ringe schneiden. Die Knoblauchzehe pellen, durch die Knoblauchpresse drücken und die Brotscheiben damit bestreichen. Das Brot in Würfel schneiden und im heißen Öl knusprig goldgelb rösten.

Zubereitung

Das Butterschmalz in einem Topf erhitzen und zuerst die Zwiebel-, dann die Lauchringe darin andünsten. Die Brühe dazugießen und alles etwa 15 Minuten bei mittlerer Hitze köcheln lassen. Dann die Sahne beigießen und kurz aufkochen lassen. Mit Salz und Pfeffer abschmecken. Die Suppe mit dem Pürierstab fein pürieren.

Servieren

Die Suppe in Suppentassen füllen und mit den gerösteten Brotwürfeln garnieren und mit Schnittlauchröllchen bestreut servieren.

Merkzettel

Da in Lauch immer viel Sand steckt, muss er stets gründlich gewaschen werden.

Linsensuppe auf saarländische Art

Für 4 Personen
Zubereitungszeit: 25 Minuten (ohne Wartezeit)
Kochzeit: 2 Stunden

Einkaufsliste/Zutaten

400 g Linsen
4 Kartoffeln
1 Möhre
¼ Sellerieknolle
1 Lauchstange
150 g magerer, geräucherter Speck
1 große Zwiebel
1,5 l Fleischbrühe (Instant)
Salz
Pfeffer
Essig nach Belieben

Garnierung

1 El gehackte Petersilie

Vorküche

Die Linsen über Nacht in ausreichend Wasser einweichen. Kartoffeln, Möhre und Sellerie schälen, waschen und in kleine Stücke schneiden. Die Lauchstange von den äußeren Blättern befreien, längs halbieren und in halbe Ringe schneiden. Den Speck in kleine Würfel schneiden. Die Zwiebel schälen und ebenfalls in Würfel schneiden.

Zubereitung

Die Linsen im Einweichwasser zum Kochen bringen und etwa 2 Stunden bei geringer Hitze köcheln lassen. 15 Minuten vor Ende der Garzeit in einem zweiten Topf den Speck mit den Zwiebelwürfeln anbraten, das Gemüse dazugeben, kurz mit andünsten, mit der Brühe ablöschen und köcheln lassen. Die Linsen dazugeben und mit Salz, Pfeffer und Essig abschmecken.

Servieren

Die Linsensuppe in tiefe Teller füllen und mit Petersilie bestreut servieren. Dazu schmecken Wiener Würstchen und ein kühles, frisches Bier.

Merkzettel

Hülsenfrüchte immer erst nach dem Kochen salzen, sonst werden sie nicht weich.

„Quer durch den Garten"-Suppe

Für 4 Personen
Zubereitungszeit: 40 Minuten
Kochzeit: 30 Minuten

Einkaufsliste/Zutaten

1 kg frisches Gemüse der Saison
(z. B. Möhren, Erbsen, Lauch, Sellerie, Kohlrabi,
Blumenkohl, grüne Bohnen, Wirsing, Kohl)
1 Zwiebel
1 Bund Petersilie
Frische Kräuter wie z. B.
Bohnenkraut oder Liebstöckel
2 l Fleischbrühe (Instant)
Salz
Pfeffer

Garnierung

2 El gehackte Petersilie

Vorküche

Das Gemüse verlesen, waschen bzw. schälen und evtl. klein schneiden. Die Zwiebel schälen und vierteln. Die Petersilie und die anderen Kräuter gründlich waschen, trockenschütteln und fein hacken.

Zubereitung

Die Brühe in einem großen Topf zum Kochen bringen und das Gemüse darin etwa 30 Minuten gar kochen. Auf unterschiedliche Garzeiten der Gemüsesorten achten – Möhren brauchen z. B. länger als Lauch. Abschließend mit Salz, Pfeffer und frischen Kräutern würzen. Die Suppe sollte nicht zu flüssig sein, sondern mehr einem deftigen Eintopf gleichen. Kochen Sie das Gemüse nicht zu weich, es sollte noch etwas »Biss« haben, denn so bleiben die Vitamine erhalten.

Servieren

Die Suppe in tiefe Teller füllen und mit reichlich Petersilie bestreut heiß servieren.

Merkzettel

Besonders gut schmeckt die Suppe, wenn Sie anstelle von Instantbrühe eine frische Fleischbrühe kochen.

Reibesuppe

Für 4 Personen
Zubereitungszeit: 35 Minuten
Kochzeit: 50 Minuten

Einkaufsliste/Zutaten

2 Möhren
½ Sellerieknolle
1 Petersilienwurzel
1 Lauchstange
2 Zwiebeln
5 Kartoffeln
1 El Butter
1,5 l Fleischbrühe (Instant)
250 g magerer Speck
Salz
Pfeffer
Muskatnuss
1 Ei

Garnierung

1 El gehackte Petersilie

Vorküche

Möhren, Sellerie und Petersilienwurzel schälen, waschen und in nicht zu kleine Stücke schneiden. Den Lauch von den äußeren Blättern befreien und in Ringe schneiden. Die Zwiebeln schälen und würfeln. Die Kartoffeln schälen und waschen.

Zubereitung

Die Butter in einem großen Topf erhitzen, das Gemüse darin kurz andünsten und mit der heißen Brühe ablöschen. Den Speck am Stück dazugeben und alles etwa 40 Minuten bei mittlerer Hitze köcheln lassen. Dann die rohen Kartoffeln in die Suppe reiben und weitere 10 Minuten kochen. Abschließend mit Salz, Pfeffer und etwas Muskatnuss würzen. Den Speck aus der Suppe heben und in feine Scheiben schneiden. Das Ei aufschlagen, verquirlen, mit etwas Suppe verrühren und erst dann zum Legieren langsam in die Suppe rühren (das Ei flockt sonst aus).

Servieren

Die Reibesuppe in tiefe Teller füllen, die Speckscheiben darauf legen und mit der Petersilie bestreut servieren.

Merkzettel

Die Speckscheiben schmecken auch auf frischem Weißbrot mit scharfem Senf und – nach Belieben – mit feinen Zwiebelringen belegt.

Rindfleischsuppe

Für 4 Personen
Zubereitungszeit: 30 Minuten
Kochzeit: 2 Stunden 25 Minuten

Einkaufsliste/Zutaten

1 kg Rindfleisch
2 Markknochen
2 Möhren
½ Sellerieknolle
1 Lauchstange
2 Zwiebeln
½ Bund Petersilie
200 g Suppennudeln
Salz
Pfeffer

Garnierung

Petersilie

Vorküche

Das Fleisch und die Knochen waschen und trockentupfen. Möhren und Sellerie schälen, waschen und in kleine Stücke schneiden. Die Lauchstange von den äußeren Blättern befreien, in Ringe schneiden und gründlich waschen. Die Zwiebeln schälen und vierteln. Die Petersilie gründlich waschen, trockenschütteln und fein hacken.

Zubereitung

Fleisch und Knochen in 2 l kaltem Wasser aufsetzen und zum Kochen bringen. Bei kleiner Hitze etwa 2 Stunden köcheln lassen. Danach den Schaum abschöpfen, die Knochen entfernen, das Gemüse dazugeben und alles weitere 15 Minuten köcheln lassen. Die Nudeln in die Suppe geben, mit Salz und Pfeffer würzen und nochmals 10 Minuten kochen lassen. Das Fleisch aus der Suppe nehmen und in Scheiben oder mundgerechte Würfel schneiden.

Servieren

Die Suppe in Suppentassen füllen und mit der Petersilie bestreut servieren. Die Fleischwürfel zuvor zurück in die Suppe geben, Fleischscheiben jedoch separat servieren.

Merkzettel

Wenn Sie die Nudeln separat kochen, bleibt die Suppe klar.

Saarländische Bohnensuppe (Dibbelschesbohnesupp)

Für 4 Personen
Zubereitungszeit: 40 Minuten
Koch- & Bratzeit: 35 Minuten

Einkaufsliste/Zutaten

1,5 kg frische grüne Bohnen
10 kleine Kartoffeln
125 g magerer Speck
1 Bund Petersilie
1 ¼ l Fleischbrühe (Instant)
1 El frisches Bohnenkraut
1 El Mehl
250 ml saure Sahne
Salz
Pfeffer

Garnierung

Frisch gehackte Petersilie

Vorküche

Die Bohnen waschen, von den Fäden befreien und in ca. 3 cm kleine Stückchen schneiden. Die Kartoffeln schälen, waschen und in kleine Würfel schneiden. Den Speck von der Schwarte befreien, ebenfalls in kleine Stücke schneiden und in einer Pfanne, ohne Zugabe von Fett, kurz anbraten und beiseite stellen. Die Petersilie gründlich waschen, trockenschütteln und fein hacken.

Zubereitung

In einem ausreichend großen Topf die Fleischbrühe zum Kochen bringen. Die Bohnen mit dem Bohnenkraut in die Brühe geben und etwa 15 Minuten bei mittlerer Hitze köcheln lassen. Dann die Kartoffeln zugeben und alles etwa 15–20 Minuten weiterköcheln lassen. Die Speckwürfel dazugeben. Das Mehl mit saurer Sahne verquirlen und mit dem Schneebesen langsam in die Suppe rühren. Mit Salz und Pfeffer würzen.

Servieren

Die Suppe in tiefe Teller füllen und mit der Petersilie bestreut servieren.

Merkzettel

Die Saarländer essen zu dieser Suppe Pflaumenkuchen!

Weißkohl-Bohnen-Suppe mit Speck

Für 4 Personen
Zubereitungszeit: 40 Minuten (ohne Wartezeit)
Kochzeit: 65 Minuten

Einkaufsliste/Zutaten

350 g weiße Bohnen
1 kleiner Weißkohl
3 kleine Möhren
300 g Kartoffeln
1 Zwiebel
1 Lauchstange
1 Bund Petersilie
600 g magerer, geräucherter Speck
Pfeffer
Ggf. Salz

Garnierung

Frisch gehackte Petersilie

Vorküche

Die Bohnen über Nacht in Wasser einweichen. Den Weißkohl von den äußeren Blättern befreien, in feine Streifen schneiden, waschen und gut abtropfen lassen. Möhren und Kartoffeln schälen, waschen und in kleine Würfel schneiden. Die Zwiebel schälen und in feine Ringe schneiden. Den Lauch putzen, ebenfalls in feine Ringe schneiden, waschen und abtropfen lassen. Die Petersilie gründlich waschen, gut trockenschütteln und fein hacken.

Zubereitung

In einem großen Topf 2 l Wasser zum Kochen bringen und den Speck darin etwa 30 Minuten bei mittlerer Hitze köcheln lassen. Die Bohnen abgießen und zum Speck geben. Nach etwa 15 Minuten das Gemüse dazugeben und alles zusammen nochmals 20 Minuten köcheln lassen. Mit Pfeffer würzen. Falls die Suppe durch den Speck nicht würzig genug sein sollte, ggf. salzen.

Servieren

Die Suppe in tiefe Teller füllen und mit Petersilie bestreut servieren.

Merkzettel

Sie können diese Suppe auch mit Wiener Würstchen oder heißer Mettwurst servieren.

Zwiebelsuppe auf saarländische Art

Für 4 Personen
Zubereitungszeit: 45 Minuten
Kochzeit: 30 Minuten

Einkaufsliste/Zutaten

1 kg Zwiebeln
2 Knoblauchzehen
3 Scheiben altbackenes Weißbrot
1 El Olivenöl
1 El Butterschmalz
1,5 l Gemüsebrühe (Instant)
250 ml trockener Weißwein
Jeweils ½ Tl getrocknete Kräuter
(z. B. Basilikum, Thymian, Oregano)
1 Lorbeerblatt
Salz
Pfeffer
150 g geriebener Käse
(z. B. Gouda, Emmentaler)

Garnierung

1 El frisch gehackte Petersilie

Vorküche

Die Zwiebeln schälen und in Ringe schneiden. Den Knoblauch pellen und fein hacken. Das Weißbrot in kleine Würfel schneiden und in heißem Olivenöl goldgelb rösten. Aus der Pfanne nehmen, auf Küchenpapier abtropfen lassen und beiseite stellen.

Zubereitung

In einem großen Topf das Butterschmalz erhitzen und Zwiebeln und den Knoblauch darin andünsten. Mit Brühe und Weißwein ablöschen. Die Kräuter und das Lorbeerblatt dazugeben, mit Salz und Pfeffer würzen und etwa 20 Minuten bei mittlerer Hitze köcheln lassen. Danach das Lorbeerblatt entfernen. Den Backofen auf 200 °C vorheizen. Die Suppe in feuerfeste Suppentassen füllen, mit den Weißbrotwürfeln belegen, den Käse darauf verteilen und im Backofen etwa 3 Minuten überbacken.

Servieren

Die heiße Zwiebelsuppe mit Petersilie bestreut servieren. Dazu einen gut gekühlten Weißwein oder Prosecco reichen.

Merkzettel

Damit die Zwiebelsuppe für einen empfindlichen Magen bekömmlicher ist, empfiehlt sich die Zugabe von etwas Kümmel.

Herzhafte Grießsuppe

Für 4 Personen
Zubereitungszeit: 20 Minuten
Kochzeit: 45 Minuten

Einkaufsliste/Zutaten

1 Möhre
¼ Sellerieknolle
½ Lauchstange
2 El Butter
1 El Öl
100 g Weichweizengrieß
1 l Fleischbrühe (Instant)
250 ml Sahne
Salz
Pfeffer
1 El gehackte Petersilie

Vorküche

Möhre und Sellerie schälen, waschen und in kleine Würfel schneiden. Lauch putzen, in feine Ringe schneiden, waschen und abtropfen lassen.

Zubereitung

In einem ausreichend großen Topf Butter und Öl erhitzen und den Grieß darin leicht anröste Dabei kräftig rühren, damit der Grieß nicht anbrennt, er soll nur etwas Farbe annehmen. Mit der Brühe ablöschen, das Gemüse dazugeben und alles bei kleiner Hitze etwa 45 Minute köcheln lassen. Kurz vor Ende der Garzeit die Sahne dazugeben und mit Salz und Pfeffer würz

Servieren

Die Grießsuppe in Suppentassen füllen und heiß mit Petersilie bestreut servieren.

Merkzettel

Verwenden Sie für Suppe, Pudding und Brei Weichweizengrieß und für Teigwaren, Klöße, Nockerln und Aufläufe Hartweizengrieß.

Kartoffel- & Gemüsegerichte

Brokkolitorte

Für 4 und mehr Personen
Zubereitungszeit: 1 Stunde (ohne Wartezeit)
Backzeit: 40 Minuten

Einkaufsliste/Zutaten

Für den Teig

200 g Mehl
100 g Butter
1 Ei
½ Tl Salz
Butter für die Form
2 El Paniermehl

Für den Belag

1 kg Brokkoli
150 g magerer, geräucherter Speck
2 Knoblauchzehen
200 g Crème fraîche
150 g Quark
3 Eier
1 Tl Salz
Pfeffer
3 El Parmesan

Garnierung

2 El gehackte Petersilie

Vorküche

Das Mehl in eine Schüssel sieben und mit Butter, Ei, Salz und etwa 2–3 El Wasser zu einem Mürbeteig verkneten. Abgedeckt etwa 1 Stunde kühl stellen. Eine Springform ausbuttern. Brokkoli verlesen, zu Röschen schneiden, waschen und in wenig Salzwasser bissfest garen. Den Speck in feine Streifen schneiden. Den Knoblauch pellen und durch die Knoblauchpresse drücken. Den Backofen auf 220 °C vorheizen.

Zubereitung

Den Teig ausrollen und die Springform damit auslegen. Das Paniermehl auf dem Teigboden verteilen. Den Speck in einer Pfanne leicht anbraten und auf den Teig geben. Brokkoli abgießen, abtropfen lassen und ebenfalls auf dem Teig verteilen. Den gepressten Knoblauch mit Crème fraîche, Quark, Eiern, Salz, Pfeffer und 1 El Parmesan gut vermischen und gleichmäßig in die Springform füllen. Den restlichen Parmesan darüber streuen. Das Ganze im Backofen etwa 40 Minuten backen.

Servieren

Die Brokkolitorte mit der Petersilie bestreuen, einem frischen grünen Salat und frischer Bratwurst oder Kotelett servieren.

Merkzettel

Vorsicht bei der Zubereitung von Brokkoli. Wenn er zu lange und bei zu großer Hitze kocht, verliert er seine schöne grüne Farbe und fällt schnell zusammen.

Gefüllte Klöße

Für 4 Personen
Zubereitungszeit: 1 Stunde
Koch- & Bratzeit: 15 Minuten

Einkaufsliste/Zutaten

Für die Klöße

Siehe S. 44, Hoorische Kartoffelklöße

Für die Füllung

1 Zwiebel
1 El Butterschmalz
250 g Schweinehackfleisch
250 g frische Leberwurst
Salz
Pfeffer
Majoran

Garnierung

2 El ausgelassene Butter

Vorküche

Den Teig zubereiten wie bei den Hoorischen Kartoffelklößen. Die Zwiebel schälen und in feine Würfel schneiden. Das Butterschmalz in einer Pfanne erhitzen und das Hackfleisch darin anbraten. Zwiebelwürfel und Leberwurst dazugeben und kurz mit anbraten. Mit Salz, Pfeffer und Majoran würzen.

Zubereitung

Mit bemehlten Händen aus der Kartoffelmasse Knödel formen und in die Mitte eine Mulde drücken. Etwas von der Fleischfüllung in die Mitte geben und wieder zu einem Knödel formen. Einen ausreichend großen Topf mit Salzwasser zum Kochen bringen. Die gefüllten Klöße hineingeben und bei mittlerer Hitze etwa 5 Minuten sieden lassen. Nicht mehr kochen! Die gekochten, gefüllten Klöße mit einem Schaumlöffel aus dem Topf heben und abtropfen lassen.

Servieren

Die gefüllten Klöße mit der Butter begießen und zu Sauerkraut mit Specksoße servieren.

Merkzettel

Das Schweinehackfleisch kann auch durch Rinderhackfleisch ersetzt werden.

Gefüllte Kohlrabi

Für 4 Personen
Zubereitungszeit: 50 Minuten
Backzeit: 30 Minuten

Einkaufsliste/Zutaten

4 große Kohlrabi
Salz
250 g Rinderhackfleisch
1 Ei
3 El Paniermehl
Pfeffer
300 ml Fleischbrühe (Instant)
40 g Butter

Garnierung

4 El saure Sahne

Vorküche

Die Kohlrabi schälen, waschen und in etwas Salzwasser weich kochen. Abgießen, etwas erkalten lassen und mit einem Löffel aushöhlen. Die ausgehöhlte Masse mit dem Rinderhackfleisch, Ei und Paniermehl mischen und mit Salz und Pfeffer würzen. Den Backofen auf 220 °C vorheizen.

Zubereitung

Die Fleischmasse in die ausgehöhlten Kohlrabi füllen. Diese in eine Auflaufform stellen. Die Brühe dazugießen und die Butter als Flöckchen auf die Kohlrabi setzen. Im Backofen etwa 30 Minuten backen.

Servieren

Die saure Sahne über die gefüllten Kohlrabi geben und heiß servieren.

Merkzettel

Kohlrabi sind roh eine knackige Bereicherung für jeden Rohkostsalat.

Grünkohl

Für 4 Personen
Zubereitungszeit: 35 Minuten
Koch- & Bratzeit: 35 Minuten

Einkaufsliste/Zutaten

1 kg Grünkohl
100 g magerer, geräucherter Speck
1 Zwiebel
50 g Butterschmalz
30 g Mehl
500 ml Gemüsebrühe (Instant)
Salz
Pfeffer

Garnierung

Senf

Vorküche

Den Grünkohl von den Stielen befreien, waschen, in kochendem Wasser kurz blanchieren und durch den Fleischwolf drehen. Den Speck in kleine Würfel schneiden. Die Zwiebel schälen und ebenfalls würfeln.

Zubereitung

Das Butterschmalz in einem Topf erhitzen und die Zwiebelwürfel mit dem Mehl darin kurz anbraten. Mit der Brühe ablöschen und aufkochen lassen. Den Grünkohl dazugeben und bei kleiner Hitze etwa 30 Minuten köcheln lassen. Den Speck in einer Pfanne anbraten. Nach Ende der Garzeit die Speckwürfel unter den Grünkohl heben und mit Salz und Pfeffer würzen.

Servieren

Den Grünkohl mit frischer Bratwurst, einem Klecks Senf und Salzkartoffeln servieren.

Merkzettel

Grünkohl ist besonders gesund. Denn er enthält viel Eiweiß, Kalzium, Kalium, Magnesium und einen Vitamin-C-Gehalt wie Paprika.

Hoorische Kartoffelklöße

Für 4 Personen
Zubereitungszeit: 50 Minuten
Kochzeit: 10 Minuten

Einkaufsliste/Zutaten

2 kg Kartoffeln
3 Eier
Salz
Pfeffer
Mehl

Vorküche

Die Hälfte der Kartoffeln waschen und mit der Schale gar kochen. Die Kartoffeln abgießen und mit kaltem Wasser abschrecken, pellen und durch die Kartoffelpresse drücken bzw. mit dem Kartoffelstampfer zerdrücken. Die rohen Kartoffeln waschen, schälen und fein reiben. Die Kartoffelflüssigkeit abgießen und die Kartoffelmasse in einem Leinentuch gut ausdrücken.

Zubereitung

Die Kartoffelmassen miteinander vermengen, die Eier dazugeben und mit Salz und Pfeffer gut würzen. So viel Mehl dazugeben, bis der Teig nicht mehr an der Schüssel oder an den Händen klebt. Aus dem Kartoffelteig mit bemehlten Händen Klöße formen. Die Klöße in einen ausreichend großen Topf mit kochendem Wasser geben und bei mittlerer Hitze sieden lassen (das Wasser darf nicht mehr kochen). Wenn die Klöße an die Oberfläche kommen, noch etwa 3 Minuten ziehen lassen. Mit einem Schaumlöffel aus dem Topf heben und abtropfen lassen.

Servieren

Die Hoorischen Kartoffelklöße mit Sauerkraut und einer Specksoße servieren.

Merkzettel

Anstelle von Sauerkraut ist ein frischer grüner Salat eine leckere Variante.

Kartoffelklöße

Für 4 Personen
Zubereitungszeit: 50 Minuten (ohne Wartezeit)
Kochzeit: etwa 5–10 Minuten

Einkaufsliste/Zutaten

1,5 kg Kartoffeln
1 Bund Petersilie
2 Eier
Salz
Pfeffer
Muskatnuss
4–5 El Mehl

Garnierung

1 El frisch gehackte Petersilie

Vorküche

Die Kartoffeln waschen und mit der Schale in reichlich Wasser gar kochen. Anschließend mit kaltem Wasser abschrecken, pellen und durch die Kartoffelpresse drücken bzw. mit dem Kartoffelstampfer zerdrücken. In einer Schüssel über Nacht im Kühlschrank stehen lassen. Die Petersilie gründlich waschen, trockenschütteln und fein hacken.

Zubereitung

Die Kartoffelmasse mit den Eiern vermengen und mit Salz, Pfeffer und etwas Muskatnuss würzen. Langsam mit Mehl verkneten, bis der Teig nicht mehr klebt. Die Petersilie untermengen, 1 El beiseite stellen. Mit bemehlten Händen kleine Klöße formen. In einem großen Topf Salzwasser zum Kochen bringen und die Klöße darin bei mittlerer Hitze sieden lassen, bis sie auftauchen und an der Wasseroberfläche schwimmen. Mit einem Schaumlöffel aus dem Wasser heben und abtropfen lassen.

Servieren

Die Kartoffelklöße mit Petersilie bestreut zu Fleischgerichten mit Soße servieren.

Merkzettel

Wenn Sie Klöße übrig haben, können Sie diese am nächsten Tag klein geschnitten in einer Pfanne mit heißer Butter und mit Rührei goldgelb braten und mit einem grünen Salat als Hauptmahlzeit servieren.

Saarländische Kartoffelspeise (Dibbelabbes)

Für 4 Personen
Zubereitungszeit: 40 Minuten
Brat- & Backzeit: 1–1 ½ Stunden

Einkaufsliste/Zutaten

1 kg fest kochende Kartoffeln
1 Lauchstange
1 Zwiebel
125 g magerer Speck
1 El Butter
1 Ei
Salz
Pfeffer
Muskatnuss

Garnierung

Tomatenachtel

Vorküche

Die Kartoffeln schälen, waschen, fein reiben und gut ausdrücken. Die Lauchstange von den äußeren Blättern befreien, in feine Ringe schneiden, waschen und gut abtropfen lassen. Die Zwiebel schälen und in feine Würfel schneiden. Den Speck von der Schwarte befreien und in feine Würfel schneiden. Den Backofen auf 200 °C vorheizen.

Zubereitung

Die Speckwürfel in einem gusseisernen Bräter mit der ausgelassenen Butter kurz anbraten. Geriebene Kartoffeln mit Lauch, Zwiebeln, Ei und den Gewürzen gut vermengen. Das Ganze in den Bräter zum Speck geben, verrühren und im Backofen 1–1 ½ Stunden backen lassen.

Servieren

Dibbelabbes mit Tomatenachteln garniert als Hauptmahlzeit oder als Beilage zu Fleischgerichten servieren.

Merkzettel

Die Kartoffel gilt fälschlicherweise als Dickmacher, obwohl die berühmte Knolle wasserreich und kalorienarm ist.

Specksoße

Für 4 Personen
Zubereitungszeit: 10 Minuten
Koch- & Bratzeit: 10 Minuten

Einkaufsliste/Zutaten

250 g magerer Speck
3 Zwiebeln
1 Tl Butterschmalz
250 ml süße Sahne
Pfeffer
Muskatnuss

Vorküche

Den Speck in kleine Würfel schneiden. Die Zwiebeln schälen und ebenfalls in kleine Würfel schneiden.

Zubereitung

In einer Pfanne das Butterschmalz erhitzen und den Speck und die Zwiebeln darin anbraten. Mit der Sahne ablöschen und etwa 8–10 Minuten etwas einköcheln lassen. Mit Pfeffer und Muskatnuss würzen.

Servieren

Die Specksoße zu gefüllten Klößen und Sauerkraut servieren.

Merkzettel

Anstelle von Speck können Sie auch rohen Schinken verwenden.

Verheiratete

Für 4 Personen
Zubereitungszeit: 1 Stunde
Kochzeit: 25 Minuten

Einkaufsliste/Zutaten

800 g Kartoffeln
Salz
200 g magerer Speck
1 Zwiebel
600 g Mehl
4 Eier
125 g Magerquark
Pfeffer
1 Msp. Muskatnuss
250 ml Sahne

Garnierung

Grüner Salat

Vorküche

Die Kartoffeln schälen, waschen und je nach Größe vierteln oder achteln. Die Kartoffelstücke in Salzwasser gar kochen. Den Speck in kleine Würfel schneiden. Die Zwiebel schälen und ebenfalls klein würfeln. Das Mehl in eine Schüssel sieben und mit Eiern, Quark und 125 ml Wasser zu einem zähflüssigen Teig verrühren. Mit Salz, Pfeffer und Muskatnuss würzen.

Zubereitung

In einem großen Topf Salzwasser zum Kochen bringen. Den Teig esslöffelweise in das kochende Wasser hineinlaufen lassen und 5 Minuten ziehen lassen. Inzwischen die Speck- und Zwiebelwürfel in einer trockenen Pfanne auslassen und mit der Sahne ablöschen, kurz aufkochen lassen. Die Mehlknödel (»Mehlknepp«) mit einem Schaumlöffel aus dem Topf heben und abtropfen lassen. In eine Schüssel abwechselnd die Kartoffeln und Mehlknepp schichten und mit der Specksahne übergießen.

Servieren

Verheiratete in der Schüssel zu Tisch bringen und mit einem frischen grünen Salat servieren.

Merkzettel

Für dieses Gericht eignen sich fest kochende Kartoffeln am besten.

Weißkohlgemüse mit Schweinebauch

Für 4 Personen
Zubereitungszeit: 30 Minuten
Koch- & Bratzeit: 65–75 Minuten

Einkaufsliste/Zutaten

1 großer Weißkohl (etwa 1–1,5 kg)
3 Zwiebeln
1 kg Kartoffeln
1 kg Schweinebauch
1 El Butterschmalz
1 l Fleischbrühe (Instant)
Salz
Pfeffer
Muskatnuss

Garnierung

Scharfer Senf

Vorküche

Den Kohlkopf von den äußeren Blättern befreien und in Streifen schneiden. Waschen und abtropfen lassen. Die Zwiebeln schälen und würfeln. Die Kartoffeln schälen, waschen und in grobe Stücke schneiden. Den Schweinebauch in dem erhitzten Butterschmalz mit den Zwiebeln kurz anbraten.

Zubereitung

Die Brühe in einem großen Topf zum Kochen bringen, den Schweinebauch mit Zwiebeln und Fett in die Brühe geben und etwa 30–40 Minuten bei mittlerer Hitze köcheln lassen. Dann den Weißkohl und die Kartoffeln dazugeben, mit Salz, Pfeffer und Muskatnuss würzen und nochmals etwa 30 Minuten leise köcheln lassen.

Servieren

Den Schweinebauch in Scheiben schneiden. Das Weißkohlgericht auf einer Platte anrichten und die Schweinebauchscheiben darauf legen. Mit scharfem Senf servieren.

Merkzettel

Sie können auch den Weißkohl durch Wirsing ersetzen.

Kerschdscher

Für 4 Personen
Zubereitungszeit: 20 Minuten
Bratzeit: 25 Minuten

Einkaufsliste/Zutaten

1 kg Kartoffeln
4 El Butterschmalz
Salz
Pfeffer
½ Tl Paprikapulver

Garnierung

2 Tomaten

Vorküche

Die Kartoffeln schälen, waschen, in kleine Würfel schneiden und gut trockentupfen. Die Tomaten waschen, trockentupfen und vierteln.

Zubereitung

In einer hohen Pfanne das Butterschmalz erhitzen und die Kartoffelwürfel darin kräftig anbraten. Mit Salz, Pfeffer und Paprikapulver würzen. Die Pfanne mit einem Deckel abdecken und alles bei kleiner Hitze etwa 15 Minuten garen lassen. Gelegentlich umrühren.

Servieren

Kerschdscher auf flachen Tellern anrichten und mit den Tomatenvierteln garniert servieren.

Merkzettel

Traditionell servieren die Saarländer zu diesem Gericht kalte Buttermilch.

Lyoner-Wurst-Gerichte

Lyoner ist eine saarländische Wurstspezialität. Da diese nicht überall außerhalb des Saarlandes erhältlich ist, nehmen Sie ersatzweise eine frische Fleischwurst.

Lyoner-Quiche auf saarländische Art

Für 4 Personen
Zubereitungszeit: 30 Minuten
Koch- & Backzeit: 1 Stunde

Einkaufsliste/Zutaten

50 g roher Schinken
1 Zwiebel
1 Lauchstange
½ Ring Lyoner Wurst (ersatzweise Fleischwurst)
1 ½ El Butter
2–3 Tiefkühlplatten Blätterteig
4 Eier
250 ml Sahne
Salz
Pfeffer
Muskatnuss

Garnierung

Tomatenachtel

Vorküche

Den Schinken in kleine Würfel schneiden. Die Zwiebel schälen und ebenfalls würfeln. Die Lauchstange von den äußeren Blättern befreien, in feine Ringe schneiden, gründlich waschen und abtropfen lassen. Die Wurst zuerst in feine Scheiben, dann in Streifen schneiden. Eine Quicheform (falls keine solche vorhanden ist, geht auch eine Springform) mit ½ El Butter einfetten und mit dem inzwischen aufgetauten, etwas ausgerollten Blätterteig auslegen.
Den Backofen auf 180 °C vorheizen.

Zubereitung

In einer Pfanne 1 El Butter erhitzen und die Schinkenwürfel mit den Zwiebeln darin andünsten. Lauch dazugeben und alles etwa 5 Minuten weiterdünsten lassen. Diese Masse in die vorbereitete Form geben und die Wurststreifen darauf verteilen. Die Eier aufschlagen und mit der Sahne kräftig verquirlen. Mit etwas Salz, Pfeffer und Muskatnuss würzen und über den Auflauf gießen.
Im Backofen etwa 45–50 Minuten backen lassen.

Servieren

Die Lyoner-Quiche mit Tomatenachteln garnieren, in der Form zu Tisch bringen und mit einem gekühlten Bier heiß servieren.

Lyoner-Salat

Für 4 Personen
Zubereitungszeit: 20 Minuten (ohne Wartezeit)

Einkaufsliste/Zutaten

1 großer Ring Lyoner Wurst (ersatzweise Fleischwurst)
1 Zwiebel
1 Knoblauchzehe
1 Bund Schnittlauch
1 kleines Glas Gewürzgurken
5 El Kräuteressig
5 El Öl
1 El Senf
Salz
Pfeffer

Garnierung

Schnittlauchröllchen

Vorküche

Die Lyoner von der Pelle befreien, quer halbieren und dann die Hälften in Scheiben schneiden. Die Zwiebel schälen und in Ringe schneiden. Den Knoblauch pellen und durch die Knoblauchpresse drücken. Den Schnittlauch gründlich waschen, trockenschütteln und in feine Röllchen schneiden. 1 El beiseite stellen. Die Gurken aus dem Gurkenwasser nehmen und in Scheiben schneiden. Aus Essig, Öl, Senf, etwas Gurkenwasser, Salz und Pfeffer eine Marinade rühren.

Zubereitung

Wurstscheiben mit Gurken, Zwiebeln, Schnittlauch und Knoblauch in eine Schüssel füllen und mit der Marinade begießen. Gut vermischen und 2 Stunden ziehen lassen.

Servieren

Den Lyoner-Salat mit Schnittlauchröllchen garnieren und mit Bratkartoffeln oder frischem Weißbrot servieren.

Lyoner-Kartoffel-Auflauf

Für 4 Personen
Zubereitungszeit: 35 Minuten
Koch- & Backzeit: 55 Minuten

Einkaufsliste/Zutaten

1 kg Kartoffeln
100 g roher Schinken
1 Zwiebel
1 Lauchstange
1 Ring Lyoner Wurst
½ El Butterschmalz
Etwas Butter zum Einfetten der Auflaufform
4 Eier
200 ml Sahne
Salz
Pfeffer
Muskatnuss
200 g geriebener Käse
(z. B. Gouda, Emmentaler)
40 g Butterflöckchen

Garnierung

1 El gehackte Petersilie

Vorküche

Kartoffeln waschen und mit der Schale etwa 25 Minuten gar kochen. Abgießen, kalt überspülen, pellen, abkühlen lassen und in feine Scheiben schneiden. Den Schinken in kleine Würfel schneiden. Die Zwiebel schälen und ebenfalls würfeln. Die Lauchstange von den äußeren Blättern befreien, waschen und in feine Ringe schneiden. Die Lyoner Wurst pellen und in Scheiben schneiden. Den Backofen auf 200 °C vorheizen.

Zubereitung

In einer Pfanne das Butterschmalz erhitzen und die Schinken- und Zwiebelwürfel darin anbraten. Die Lauchringe dazugeben und alles etwa 5 Minuten dünsten lassen. Dabei immer wieder umrühren. Eine Auflaufform mit Butter einfetten. Eine Lage Kartoffeln auf dem Auflaufboden verteilen, einen Teil Lauch darauf geben, mit den Wurstscheiben abschließen. So fortfahren, bis alle Zutaten verbraucht sind. Die letzte Schicht sollte aus Kartoffeln bestehen. Die Eier aufschlagen, mit Sahne, Salz, Pfeffer und Muskatnuss gut verquirlen und über den Auflauf gießen. Den Käse darüber streuen und die Butter als Flöckchen darauf verteilen. Im Backofen ca. 30–35 Minuten goldgelb backen.

Servieren

Den Lyoner-Kartoffel-Auflauf mit Petersilie garnieren, in der Auflaufform zu Tisch bringen und mit einem kühlen Bier servieren.

Lyoner-Pfanne

Zutaten für 4 Personen
Zubereitungszeit: 15 Minuten
Bratzeit: 25 Minuten

Einkaufsliste/Zutaten

1 Ring Lyoner Wurst (ersatzweise Fleischwurst)
2 Zwiebeln
1 Knoblauchzehe
150 g Champignons
1 El Olivenöl
1 Dose geschälte Tomaten
5–6 El Tomatenmark
Salz
Pfeffer
Je ½ Tl Thymian, Paprika, Cayennepfeffer
Grüner Salat

Vorküche

Die Wurst von der Pelle befreien und in Scheiben schneiden. Die Zwiebeln schälen und in kleine Würfel schneiden. Die Knoblauchzehe pellen und durch die Knoblauchpresse drücken. Die Champignons putzen, das Stielende entfernen und in Scheiben schneiden.

Zubereitung

Öl in einer hohen Pfanne erhitzen und die Wurstscheiben darin leicht anbraten. Zwiebeln und Knoblauch dazugeben, kurz mit andünsten und mit den geschälten Tomaten ablöschen. Mit Tomatenmark und Gewürzen abschmecken und etwa 10 Minuten bei kleiner Hitze köcheln lassen. Dann die Champignons und die Sahne dazugeben und weitere 10 Minuten köcheln lassen.

Servieren

Lyoner-Pfanne auf Tellern anrichten und mit Bratkartoffeln und grünem Salat servieren.

Fleischgerichte

Weißer Bohneneintopf mit Lammfleisch

Für 4 Personen
Zubereitungszeit: 40 Minuten (ohne Wartezeit)
Koch- & Bratzeit: 1 Stunde 40 Minuten

Einkaufsliste/Zutaten

500 g getrocknete weiße Bohnen
800 g Lammfleisch
(aus der Schulter ohne Knochen)
6 Kartoffeln
1 Möhre
2 Zwiebeln
1 Knoblauchzehe
1 Bund Bohnenkraut
1 El Butterschmalz
1,5 l Fleischbrühe (Instant)
Pfeffer
Je 1 El Thymian und Rosmarin
500 ml Buttermilch
Salz

Garnierung

1 Tl gehacktes Bohnenkraut

Vorküche

Die Bohnen in ausreichend Wasser über Nacht einweichen. Das Fleisch waschen, trockentupfen und in mundgerechte Stücke schneiden. Die Kartoffeln schälen und waschen. Die Möhre schälen, waschen und in Stücke schneiden. Die Zwiebeln schälen und würfeln. Die Knoblauchzehe pellen und hacken. Das Bohnenkraut gründlich waschen, trockenschütteln und fein hacken.

Zubereitung

In einem Topf das Butterschmalz erhitzen und das Fleisch darin kräftig anbraten. Zwiebeln und Knoblauch dazugeben, kurz mit anbraten und mit einem Teil der Fleischbrühe ablöschen. Mit geschlossenem Deckel bei mittlerer Hitze etwa 30 Minuten köcheln lassen. Dann die Bohnen mit dem Einweichwasser, die Gewürze (ohne Salz) und die restliche Brühe dazugeben und alles weitere 45 Minuten köcheln lassen. Dann die Möhrenstücke hineingeben und nochmals 10 Minuten kochen lassen. Jetzt die rohen Kartoffeln in den Eintopf reiben und nochmals 10 Minuten kochen. Abschließend die Buttermilch unterrühren und den Eintopf salzen.

Servieren

Den Eintopf in eine Terrine füllen, mit Bohnenkraut bestreuen und heiß servieren.

Merkzettel

Dieser Eintopf schmeckt auch mit frischen grünen Bohnen.

Kaninchen

Für 4 Personen
Zubereitungszeit: 20 Minuten
Bratzeit: 1 Stunde

Einkaufsliste/Zutaten

1 Kaninchen (küchenfertig)
Salz
Pfeffer
100 g Mehl
2 Zwiebeln
100 g magerer Speck
5 Wacholderbeeren
3 El Butterschmalz
1 Lorbeerblatt
500 ml Rotwein
2 El Pflaumenmus
2 El Paniermehl

Garnierung

2 El gehackte Petersilie

Vorküche

Das Kaninchen waschen, trockentupfen und in vier gleich große Teile zerlegen. Mit Salz und Pfeffer würzen und in Mehl wenden. Die Zwiebeln schälen und in grobe Stücke schneiden. Den Speck in kleine Würfel schneiden. Die Wacholderbeeren in einem Mörser zerdrücken.

Zubereitung

Das Butterschmalz in einem Bräter erhitzen. Die Kaninchenteile mit den Speckwürfeln darin scharf anbraten. Die Zwiebelstücke dazugeben und leicht bräunen lassen. Das Lorbeerblatt und die Wacholderbeeren hinzugeben. Mit Rotwein ablöschen. Das Ganze etwa 1 Stunde bei kleiner Hitze schmoren lassen, bis das Fleisch weich ist. Dann das Pflaumenmus hinzugeben und kurz zusammen köcheln lassen. Das Fleisch aus dem Topf nehmen und warm stellen. Das Paniermehl in die Soße rühren und damit andicken, anschließend mit Salz und Pfeffer würzen. Sollte die Soße zu dick sein, kann man noch etwas Rotwein zugießen.

Servieren

Die Kaninchenteile auf einer Fleischplatte anrichten, mit der Soße begießen und der Petersilie bestreuen. Dazu Gemüse der Saison und Kartoffelklöße servieren.

Merkzettel

Wenn möglich, lassen Sie sich die Innereien von Ihrem Metzger mitgeben. Gebraten, mit Rotwein abgelöscht und auf einem frischen Salat angerichtet können Sie sie als Vorspeise servieren.

Rinderbraten auf saarländische Art

Für 4 Personen
Zubereitungszeit: 20 Minuten
Bratzeit: 1–1 ½ Stunden

Einkaufsliste/Zutaten

1 kg Rindfleisch
150 g magerer Speck
1 Möhre
1 große Zwiebel
½ Sellerieknolle
2 El Butterschmalz
Salz
Pfeffer
1 Lorbeerblatt
½ Flasche dunkles Bier
500 ml Fleischbrühe (Instant)
3 El geeiste Butter

Garnierung

2 El gehackte Petersilie

Vorküche

Das Fleisch waschen, trockentupfen und mit einem spitzen Messer kleine Schnitte hineinschneiden. Den Speck in kleine Stifte schneiden und in die Fleischtaschen spicken. Möhre, Zwiebel und Sellerie schälen und in grobe Stücke schneiden.

Zubereitung

In einem großen Bräter das Butterschmalz erhitzen und den Braten darin kräftig von allen Seiten anbraten. Das Gemüse dazugeben und kurz mit anbraten. Mit Salz, Pfeffer und dem Lorbeerblatt würzen. Mit Bier und Brühe ablöschen und bei kleiner Hitze etwa 1–1 ½ Stunden schmoren lassen. Hin und wieder das Fleisch drehen. Das Fleisch aus dem Topf heben und in Alufolie warm halten. Die Soße durch ein Sieb streichen, im Topf nochmals aufkochen und mit geeister Butter binden. Ggf. nochmals mit Salz und Pfeffer nachwürzen.

Servieren

Den Braten in Scheiben schneiden, auf einer vorgewärmten Platte anrichten, mit der Soße übergießen und der Petersilie bestreuen. Dazu Kartoffelklöße und Gemüse oder Salat der Saison servieren.

Merkzettel

Beim Rindfleischkauf sollte man immer auf gut abgehangenes Fleisch bestehen.

Saarländischer Sauerbraten

Für 4 Personen
Zubereitungszeit: 35 Minuten (ohne Wartezeit)
Bratzeit: 75 Minuten

Einkaufsliste/Zutaten

Für die Marinade

4 Möhren
¼ Sellerieknolle
4 Zwiebeln
2 Scheiben Roggenbrot
2 Lorbeerblätter
6 Wacholderbeeren
500 ml Rotwein
1 Tl Senfkörner
500 ml Essig
8 Pfefferkörner
4 Gewürznelken

Für den Braten

1 kg Rindfleisch
2 El Butterschmalz
Salz
Pfeffer
Johannisbeergelee
1 Tl Zucker
50 g geeiste Butter

Vorküche

Möhren und Sellerie schälen, waschen und in kleine Stücke schneiden. Die Zwiebeln schälen und in feine Ringe schneiden. Das Roggenbrot zerbröseln (nicht zu klein). Die Zutaten für die Marinade in eine Schüssel geben und miteinander verrühren. Das Fleisch waschen, trockentupfen und in die Marinade legen. Die Schüssel abdecken und an einem kalten Ort mindestens 2 Tage (besser länger) ziehen lassen.

Zubereitung

Das Fleisch aus der Marinade nehmen und gut abtupfen. Zwiebeln, Gemüse und Brot ebenfalls aus dem Sud nehmen und gut abtropfen lassen. Die übrige Flüssigkeit durch ein Sieb passieren, die Gewürze werden nicht mehr benötigt.
Das Butterschmalz in einem Bräter erhitzen und das Fleisch darin von allen Seiten kräftig anbraten. Zwiebeln, Gemüse und Brot dazugeben und kurz mit anbraten. Mit gut der Hälfte der Marinade ablöschen. Mit Salz und Pfeffer würzen. Zusammen etwa 75 Minuten bei geschlossenem Deckel und mittlerer Hitze köcheln lassen. Ggf. noch etwas Marinade dazugeben und den Braten hin und wieder drehen. Nach Ende der Garzeit den Braten aus dem Topf heben und in Alufolie warm halten. Die Soße mit dem Pürierstab pürieren. Das Johannisbeergelee und den Zucker unter die Soße rühren, kurz aufkochen lassen und mit geeister Butter andicken.

Servieren

Das Fleisch in Scheiben schneiden, auf einer Fleischplatte anrichten und mit der Soße begießen. Zum Sauerbraten Hoorische und Rotkohl servieren.

Merkzettel

Je länger das Fleisch in der Marinade liegt (kann bis zu einer Woche kühl gestellt ziehen), umso zarter wird der Braten.

Schweinepfeffer

Für 4 Personen
Zubereitungszeit: 20 Minuten
Kochzeit: 1 Stunde

Einkaufsliste/Zutaten

800 g Schweineschulter
1 große Zwiebel
2 Tomaten
1 El Butterschmalz
2 Nelken
1 Lorbeerblatt
Salz
Pfeffer
750 ml Fleischbrühe
1 Glas Weißwein
½ El Mehl
1 El Butter

Vorküche

Das Fleisch waschen, trockentupfen und in mundgerechte Stücke schneiden. Die Zwiebel schälen und fein würfeln. Die Tomaten waschen und in kleine Stücke schneiden.

Zubereitung

Das Fett in einem Topf erhitzen und Zwiebelwürfel und Tomaten darin kurz anschmoren. Die Gewürze dazugeben und mit der Brühe ablöschen. Alles etwa 15 Minuten bei mittlerer Hitze köcheln lassen. Die Brühe durch ein Sieb gießen, die Flüssigkeit auffangen und im Topf unter Zugabe des Weißweins aufkochen. Das Fleisch mit reichlich Pfeffer in die Brühe geben und etwa 45 Minuten bei mittlerer Hitze gar kochen. Das Mehl mit der Butter mischen und die Soße mit der Mehlbutter binden.

Servieren

Schweinepfeffer mit Salzkartoffeln oder Nudeln und einem grünen Salat servieren.

Merkzettel

Nur frisch gemahlene Pfefferkörner entfalten ein volles Aroma.

Schwenkbraten

Für 4–8 Personen
Zubereitungszeit: 25 Minuten (ohne Wartezeit)
Grillzeit: 10 Minuten

Einkaufsliste/Zutaten

2 kg Schweinekamm
(oder 8 Nackenkoteletts à 250 g)
10 Zwiebeln
4 Knoblauchzehen
250 ml Öl
4 zerdrückte Wacholderbeeren
1 El Senf
Jeweils 1 Tl verschiedene getrocknete Kräuter
(z. B. Thymian, Oregano, Curry,
Paprika, Cayennepfeffer)
Pfeffer

Vorküche

Das Fleisch waschen und gut trockentupfen. Den Schweinekamm in etwa 250 g schwere Steaks schneiden. Die Zwiebeln schälen und in feine Ringe schneiden. Den Knoblauch pellen, durch die Knoblauchpresse drücken und mit dem Öl, dem Senf und den Gewürzen zu einer Marinade vermischen. Das Fleisch in eine Schüssel legen, mit der Marinade begießen und mit den Zwiebelringen belegen. Das Ganze über Nacht (besser 24 Stunden) im Kühlschrank ziehen lassen.

Zubereitung

Das Fleisch 1 Stunde vor dem Grillen aus dem Kühlschrank nehmen. Den Schwenkgrill mit Alufolie belegen, so können die Zwiebeln mitgegrillt werden. Das Feuer zum Grillen fast niederbrennen lassen, den Schwenkgrill etwas ablassen und die Steaks mit den Zwiebelringen auflegen. Je nach Dicke des Steaks etwa 5 Minuten von jeder Seite grillen.

Servieren

Servieren Sie zu diesem Grillvergnügen frische Salate, Weißbrot und ein frisches Bier.

Merkzettel

Wer auf den Grillkohlengeschmack nicht verzichten möchte, lässt die Alufolie weg.

Schweinefilet in Blätterteig

Für 4 Personen
Zubereitungszeit: 15 Minuten
Bratzeit: 40 Minuten

Einkaufsliste/Zutaten

1 Packung Blätterteig (tiefgekühlt)
1 kg Schweinefilet
Salz
Pfeffer
1 El Butterschmalz
Rosmarinnadeln
1 Eigelb
2 El gehackte Petersilie

Vorküche

Den Blätterteig aus der Packung nehmen und auftauen lassen. Das Fleisch waschen, trockentupfen und mit Salz und Pfeffer würzen. Den Backofen auf 200 °C vorheizen.

Zubereitung

In einer Pfanne das Butterschmalz erhitzen und das Fleisch darin von allen Seiten kräftig anbrate Einige Rosmarinnadeln dazugeben, diese aber nicht zu kräftig anbraten lassen – sie werden sons zu schnell schwarz und schmecken nicht mehr. Das Fleisch aus der Pfanne nehmen und abkühle lassen. Den Blätterteig auf einer bemehlten Arbeitsfläche auslegen, miteinander verbinden und et ausrollen. Das Fleisch darauf legen und mit dem Teig einhüllen. Die Teigenden festdrücken und a mit dem Eigelb bestreichen. Auf ein Backblech legen und etwa 30 Minuten knusprig braten lasse

Servieren

Schweinefilet in Blätterteig auf einer Fleischplatte anrichten, mit der Petersilie bestreuen und mit einem frischen grünen Salat servieren.

Merkzettel

Geben Sie etwas gebratenen Speck mit frischen Pilzen und Zwiebeln mit in die Blätterteighülle

Kuchen & Desserts

Kirschkuchen (Kaerscheplotzer)

Für 4 Personen
Zubereitungszeit: 1 Stunde
Backzeit: 30–40 Minuten

Einkaufsliste/Zutaten

1 kg Kirschen
500 ml Milch
6 altbackene Brötchen (vom Vortag)
3 Eier
80 g weiche Butter
125 g Zucker
1 El Zimt
1 Msp. Nelkenpulver
2 El Kirschwasser

Garnierung

1 El Puderzucker

Vorküche

Die Kirschen waschen, entstielen und entkernen. Die Milch in einem Topf zum Kochen bringen und die Brötchen darin einweichen lassen. Die Brötchen ausdrücken, in eine Rührschüssel geben und mit einer Gabel fein kneten. Die Eier trennen.

Zubereitung

Die Eiweiße zu festem Eischnee schlagen. Die weiche Butter mit dem Handmixer schaumig schlagen und mit dem Zucker und den Eigelben verrühren. Noch einige Minuten kräftig weiterschlagen. Dann zu den Brötchen in die Rührschüssel geben und mit den Gewürzen und dem Kirschwasser verrühren. Die Kirschen unterrühren und den Eischnee vorsichtig unterheben. Den Backofen auf 200 °C vorheizen. Die Masse in eine ausreichend große, ausgebutterte Auflaufform füllen und etwa 30–40 Minuten im Backofen backen lassen.

Servieren

Den Kirschkuchen mit Puderzucker bestreut noch warm als Nachspeise servieren.

Merkzettel

Auch am nächsten Tag kann man dieses köstliche Gericht zu Kaffee und Tee reichen.

Pfannkuchen

Für 4 Personen
Zubereitungszeit: 10 Minuten (ohne Wartezeit)
Backzeit: 3 Minuten

Einkaufsliste/Zutaten

3 Eier
500 ml Milch
300 g Mehl
Salz
1 El Zucker
1 Msp. Backpulver
2–3 El Butterschmalz

Garnierung

Apfelmus

Vorküche

Die Eier in einer Schüssel aufschlagen und mit der Milch verquirlen. Das Mehl sieben und nach und nach unter die Eimischung rühren. Salz, Zucker und Backpulver dazugeben. Der Teig sollte dünnflüssig sein. Ist er zu dick, noch etwas Wasser unterrühren. Den Teig 20 Minuten ruhen lassen und anschließend nochmals kräftig durchrühren.

Zubereitung

Das Butterschmalz in einer Pfanne erhitzen. Den Teig mit Hilfe einer Schöpfkelle in die Pfanne geben und von beiden Seiten goldgelb braten. Die fertigen Pfannkuchen warm stellen, bis der gesamte Teig verbraucht ist.

Servieren

Die Pfannkuchen warm mit Apfelmus oder auch frischem Obst oder Kompott servieren.

Merkzettel

Wenn Sie den Zucker weglassen, können Sie die Pfannkuchen auch herzhaft mit Speck oder Camembert und frischen Kräutern servieren.

Pflaumenkuchen

Für 4 und mehr Personen
Zubereitungszeit: 40 Minuten (ohne Wartezeit)
Backzeit: 20–30 Minuten

Einkaufsliste/Zutaten

1–1,5 kg Pflaumen
250 ml Milch
120 g Butter
500 g Mehl
1 Päckchen Trockenhefe
100 g Zucker
1 Prise Salz
1 El Zucker

Garnierung

Hagelzucker

Vorküche

Die Pflaumen waschen, verlesen, längs der Mitte einschneiden (nicht durchschneiden) und den Pflaumenkern entfernen. Dann die aufgeklappten Pflaumenhälften oben nochmals einschneiden. Die Milch erwärmen. Ein Backblech mit 20 g Butter ausbuttern. Den Backofen auf 220 °C vorheizen.

Zubereitung

Das Mehl in eine Schüssel sieben und mit der Hefe vermischen. Die übrigen Zutaten nach und nach dazugeben und alles zu einem geschmeidigen Teig verkneten. Die Schüssel abdecken und den Teig an einem warmen Ort gehen lassen. Wenn der Teig die doppelte Größe erreicht hat, nochmals kräftig durchkneten, auf dem Backblech ausrollen und nochmals abgedeckt gehen lassen. Die Pflaumen auf den Teig setzen und dabei leicht andrücken. Den Pflaumenkuchen etwa 20–30 Minuten backen lassen.

Servieren

Den Pflaumenkuchen noch warm mit Zucker bestreut servieren.

Merkzettel

Die Saarländer essen den Pflaumenkuchen zu „Dibbelschesbohnesupp“, der saarländischen Bohnensuppe.

Rhabarberkompott

Für 4 Personen
Zubereitungszeit: 25 Minuten (ohne Wartezeit)
Kochzeit: etwa 30 Minuten

Einkaufsliste/Zutaten

500 g Rhabarber
100 g Erdbeeren
200 g Zucker
2 Blatt Gelatine
250 ml Rotwein
100 ml Portwein
1 Zimtstange
Saft einer Zitrone

Garnierung

Vanilleeis oder Sahne

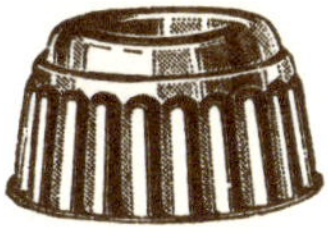

Vorküche

Den Rhabarber schälen, waschen und in etwa 5 cm große Stücke schneiden. Die Erdbeeren waschen, die grünen Blättchen entfernen und die Früchte halbieren. Die Rhabarberstücke mit 120 g Zucker bestreuen und etwa 30 Minuten ziehen lassen. Die Gelatine nach Packungsanleitung einweichen.

Zubereitung

Den restlichen Zucker mit den Weinen, der Zimtstange und dem Zitronensaft aufkochen und bei mittlerer Hitze auf ein Viertel der Menge reduzieren lassen. Den Rhabarber mit dem Saft und den Erdbeeren dazugeben und nochmals aufkochen lassen. Den Topf vom Herd nehmen, die Zimtstange entfernen und die Gelatine ausgedrückt darin auflösen. Den restlichen Zucker dazugeben und in eine Schüssel füllen. Abkühlen lassen und dann im Kühlschrank kalt stellen.

Servieren

Das Rhabarberkompott in Portionsschüssel füllen und mit Vanilleeis oder Sahne servieren.

Merkzettel

Rhabarber gehört zu den Knöterichgewächsen und ist eigentlich ein Gemüse. In unserer Küche wird er aber wie Obst für Kompott, Marmeladen und auch als Kuchenbelag verwendet.

Saarländischer Apfelkuchen

Für 4 Personen
Zubereitungszeit: 25 Minuten (ohne Wartezeit)
Backzeit: 30–40 Minuten

Einkaufsliste/Zutaten

250 g Mehl
½ Päckchen Trockenhefe
125 ml Milch
40 g Zucker
1 Prise Salz
40 g weiche Butter
1 kg Äpfel
Etwas Butter zum Ausstreichen der Backform
1 Eigelb

Garnierung

1 El Hagelzucker

Vorküche

Das Mehl in eine Schüssel sieben und mit Hefe, lauwarmer Milch, Zucker, Salz und weicher Butter zu einem Teig verkneten. Den Teig in der Schüssel etwa 15 Minuten gehen lassen. Zwischenzeitlich die Äpfel waschen, schälen, vierteln und vom Kerngehäuse befreien. Die Apfelstücke in wenig Wasser und bei mittlerer Hitze zu einem feinen Apfelkompott weich dünsten. Anschließend das Apfelkompott durch ein feines Sieb streichen. Den Backofen auf 170 °C vorheizen.

Zubereitung

Eine Springform (16 ∅) mit der Butter ausfetten. Die Form mit ¾ des Teiges auslegen und einen Rand hochziehen. Das Apfelkompott auf den Teig geben und glatt streichen. Den restlichen Teig ausrollen. Dünne Streifen ausradeln, diese gitterförmig auf das Apfelkompott legen und mit dem Eigelb am Teigrand befestigen. Das Teiggitter ebenfalls mit Eigelb (das Eigelb evtl. mit etwas Wasser verquirlen) bestreichen. Die Backform in den Backofen stellen und bei 170 °C etwa 30–40 Minuten backen. Den Apfelkuchen in der Backform erkalten lassen.

Servieren

Den Apfelkuchen mit Hagelzucker bestreuen und zu frisch gebrühtem Kaffee oder heißem Tee servieren.

Merkzettel

Am besten eignen sich für die Zubereitung von Kuchen bzw. Apfelkompott Boskop-Äpfel.

Saarländische Apfelschaumspeise

Für 6 Personen
Zubereitungszeit: 20 Minuten (ohne Wartezeit)
Kochzeit: 20 Minuten

Einkaufsliste/Zutaten

750 g Äpfel
155 g Zucker
1 Msp. Zimt
3 Eier
1 Päckchen Vanillezucker
125 ml Weißwein
1 Packung gemahlene weiße Gelatine

Garnierung

1 geschälter Apfel in Spalten geschnitten

Vorküche

Die Äpfel waschen. Die Blütenrückstände herausschneiden und mit Schale und Kerngehäuse in Stücke schneiden. In 250 ml Wasser langsam weich kochen. Dann durch ein Sieb streichen und mit 80 g Zucker und Zimt abschmecken. Die Eier trennen und die Eiweiße zu steifem Eischnee schlagen.

Zubereitung

Die Eigelbe mit dem restlichen Zucker schaumig schlagen. Mit Apfelmus und Wein verrühren. Nach Packungsanleitung Gelatine nach und nach unter die Masse rühren. Wenn die Schaumspeise anfängt zu stocken, vorsichtig den Eischnee unterheben. In Portionsschüsseln füllen und im Kühlschrank etwa 3 Stunden fest werden lassen.

Servieren

Die Apfelschaumspeise aus den Portionsschüsseln stürzen und mit den Apfelspalten garniert servieren.

Merkzettel

Sie können die Apfelschaumspeise auch mit frischem Obst der Saison servieren.

Saarländischer Rahmkuchen

Für 4 Personen
Zubereitungszeit: 15 Minuten (ohne Wartezeit)
Backzeit: 20–30 Minuten

Einkaufsliste/Zutaten

Für den Teig
500 g Mehl
1 Päckchen Trockenhefe
100 g Zucker
1 Prise Salz
250 ml Milch
100 g weiche Butter

Für den Belag
4 Eier
3 Becher Schmand
2 El Grieß
80 g Zucker
2 Päckchen Vanillezucker

Garnierung
2 Tl Puderzucker

Vorküche

Für den Teig das Mehl in eine Schüssel sieben und mit der Hefe vermischen. Die übrigen Zutaten nach und nach dazugeben und alles zu einem geschmeidigen Teig verkneten. Die Schüssel abdecken und den Teig an einem warmen Ort gehen lassen. Wenn der Teig die doppelte Größe erreicht hat, nochmals kräftig durchkneten.

Zubereitung

Für den Belag die Eier trennen. Die Eigelbe mit den übrigen Zutaten verrühren. Die Eiweiße zu steifem Eischnee schlagen und vorsichtig unter die Masse haben. Eine Springform einfetten und den Backofen auf 220 °C vorheizen. Den Teig in die Springform geben und am Rand hoch drücken. Den Belag darauf geben und verteilen. Den Kuchen im Backofen etwa 20–30 Minuten backen und anschließend abkühlen lassen.

Servieren

Den Kuchen auf eine Kuchenplatte setzen, mit dem Puderzucker bestreuen und mit frischem Kaffee oder Tee servieren.

Merkzettel

Selbstverständlich können Sie auch frische Hefe verwenden. Mit Trockenhefe ersparen Sie sich jedoch den Vorteig, und so gelingt der Kuchen immer.

Quarkauflauf

Für 4 Personen
Zubereitungszeit: 10 Minuten
Backzeit: 1 Stunde

Einkaufsliste/Zutaten

4 Eier
500 g Magerquark
250 g Zwieback
½ El Butter
180 g Zucker
2 Päckchen Vanillezucker
Etwas Zitronenabrieb
300 g gehobelte Mandeln
1 El Mandelsplitter

Vorküche

Die Eier trennen. Das Eiweiß zu einem festen Eischnee schlagen. Den Quark abtropfen lassen. Den Zwieback zerbröseln. Eine Auflaufform ausbuttern und den Backofen auf 130 °C vorheizen.

Zubereitung

Die Eigelbe mit dem Zucker schaumig rühren. Vanillezucker, Zitronenabrieb, Quark, Mandeln und Zwiebackbrösel dazugeben und gut verrühren. Den Eischnee vorsichtig unterziehen. Den Auflauf im Backofen etwa 1 Stunde backen lassen.

Servieren

Den Quarkauflauf mit Mandelsplittern garniert als Nachtisch noch warm servieren.

Merkzettel

Wenn Sie die Mandeln mit etwas Zucker in der Pfanne karamellisieren, geben Sie diesem Gericht eine besonders pfiffige Note.

Register